在水一方

-佳名诗词选辑

佳名著

Copy Right © 2012 by Michael Luo

All rights reserved; no part of this publication may be reproduced, stored in a retrieval system, or transmitted in any form or by any means, electronic, mechanical, photocopying, recording or otherwise, without the prior written permission of the Publisher.

Published by Michael Luo

ISBN: 978-0-578-10590-1

自序

生在困难时，长在动乱期。少儿时期，因为粮票和布票的限制，虽不敢说吃不饱、穿不暖，但也尝到过饥饿的滋味，经历衣不遮体的窘样。不仅少衣缺粮，而且没有书读，偶尔得到几本"黄书"，便如饥似渴、囫囵吞枣式地开始消化书中的内容，于是对中国的历史、文化和诗词产生了极大的兴趣。

老邓的东山再起，使得我们这一代有了上大学的机会。在大学期间，除了专业课外，有了机会和条件阅读到更多的文学和历史书籍，同时开始琢磨起了平平仄仄，后来因多次的迁徙，那些表达和融进了青少年的青涩和对未来的期盼的许多"诗词"丢失殆尽。

中国的诗词历史悠久，若从《诗经》的起源算起，诗词的历史恐怕要比中国的文字历史更久远一些，因为人们普遍认为，先有诗后才有文字。遗憾的是，这种起源于民间的优美文学、文化、历史的载体，逐渐地被演化为文人们摇头晃脑、显示才华的专用体材，更有后来的"钦定"诗韵和律规出现，使得律诗成了千篇一律、毫无生气的东西。

同时,这种"御用"和"八股"化,使得大多数中国人对诗词感到"望尘莫及",更谈不上欣赏和继承。

语言的发展和声韵的变迁,使得所谓的"平水韵"或"钦定"诗韵已经不能适应诗词的发展和当代人们的文学创作,所以我们在创作律诗和诗词时,应当以中国现代语音标准为基础的《新韵》为依据,应运普通话四声和平仄区分的原则。当然,新韵不否定历史遗留下来的各种韵律规则。近几年来,笔者先后创作了几百首用于表达思想感情和人生感悟的诗词,在这里选了一些比较好的,将它们收集成册,留为纪念。

国泰无缘成勇武,只凭诗酒养疏慵。

唐规宋律文八股,取舍传承不盲从。

作者愿与所有的诗词爱好者和广大的读者一起,为继承和发扬中华民族这一宝贵文化遗产作出贡献。

第一部分

古风、律诗

七绝·两首

其一

几度春秋风雨情

今宵相聚月姣明

江风把酒迎豪客

海雾屈席宴远朋

其二

人情世故最无聊

冷暖红尘噩梦漂

天马行空独自乐

目空一切任逍遥

七律·又是中秋月圆时

江天一色夜朦胧

云断空中秋月明

隐隐寒宫寂寞舞

悠悠江水泪涟声

月逢千载华依旧

人过朝夕貌不同

冷雨潇潇红尽落

临风把酒遣伤情

七绝·送郎打鱼江雾上

一江春水向东流
目送渔夫雾尽头
寒舍门前杨柳树
盼郎回早满鱼篓

五绝二首·秋

其一
秋风吹渭水
落叶满长安
多少英雄事
云烟绕华山

其二
一夜寒风至
黄花满地金
萧萧秋雨后
生命化烟云

五律·与幼子春里漫步有感

和风日暖崖

万物待春发

老父粗皮树

幼儿细蔓芽

记得爹训子

转眼我教娃

生命三秋后

枯荣有果瓜

七绝·两首

其一

云低水短乱山昏
万木凋零叶化尘
泞路长沟憔悴客
秋风秋雨苦煞人

其二

望断天边残半月
空余寂寞促忧伤
时时牵挂难生翅
每每相思欲断肠

五律·中秋孤影

那堪故地游

最怕度中秋

湛露洒枝落

凉风扫叶嗖

徘徊望玉满

垂步水边幽

云淡月斜处

千杯不解愁

七律·伤秋

轻弹肩落发

又见鬓边霜

惆怅凭阑久

登高望故乡

寒风潇满径

冷月正盈窗

挥泪愁难去

依然酒断肠

七律·伤秋

未到中秋月已老
浮云相伴几轮残
徘徊楼上星光冷
寂寞窗中人影单
霜打庭前菊散雨
风吹檐下柳衰烟
晓得今夜无来客
独卧堂中对玉坛

五律·春来人自欢

春暖花开,午饭后仍去河边公园散步,同一个地方,感受截然不同于寒冬时期。谨以一首五言律诗,将当时之感受描述之。

景色迷人处

独行亦畅怀

两堤杨柳绿

三径杏花开

河水缓流去

春风扑面来

求得春久驻

不愿上仙台

七律·青春在时须潇洒

酒足饭饱后上网消遣,忽听得妻子播放的一首歌唱道:"路过的人早已忘记,经过的事已随风而去",顿时感慨万分,即兴一首七律,以记当时之感受。

春来秋去叹沧桑

利禄功名两渺茫

昨日方才立壮志

今天转眼鬓成霜

许多往事随风去

无数故人有几常

意懒心灰千百次

一生只悔不曾狂

七律·晚春心潮

群芳聚散春将尽
独自怜香怕雨来
湖水涟漪顺风起
心潮澎湃伴云开
无端惆怅今依旧
不尽忧伤总绕怀
我欲乘风早隐去
三清界里补尘牌

松、竹、梅新议

松　　生在乱山中
　　　呆浮曲向空
　　　生平谁在意
　　　冬雪一时荣

竹
　　　皮硬心虚贱傻呆
　　　随风摇摆更可哀
　　　上升攀比节节窜
　　　永世难为栋梁材

梅
　　　无力可同百艳争
　　　群芳聚散宠枯冬
　　　聪明选得时节好
　　　仰仗情操白雪成

七律·秋风落叶伤情

雨地黄昏风骤起

方知岁月不留情

书生短叹添花发

游子低吟减日匆

江海纳接失意泪

山川不弃落泊容

枯枝残叶谁思量

不定风烛后半生

"林妹妹" 陈晓旭出家悟

一腔热血尽,心死冷似冰。
二眼辛酸泪,山远雾蒙蒙。
三生虽有幸,今世业无成。
四海存知己,几人可同行?
五岳自古有,高低不齐名。
六出歧山师,屡屡返无功。
七日造人时,预定降救星?
八年抗战果,中华民国崩。
九九历磨难,愚者苦命争。
十面埋伏处,别姬悲壮情。
我欲乘风去,回返青埂峰。
敢效有贤士,面壁度残生!

七律·但愿长醉不愿醒

往事随风云雾中

夜光美酒尽伤情

魂将断处恨春去

心到伤时盼月明

才子孤独花下客

萧娘憔悴柳中行

那堪残破红楼梦

深醉沉沉不愿醒

七绝两首

其一、月亮颂

群星璀璨太空间
明月一轮独艳鲜
无意借光遥照地
人情长久共婵娟

其二、秋夜

霜降沉沉过柳枝
秋风萧瑟月来迟
思君楼上窗前影
渺渺悲情泪作诗

春愁

燕儿双临门,方知又一春。
两岸杨柳绽,一园桃李芬。
花蕊待开放,叶芽还持矜。
倩鸟对对唱,柔情出山林。
万灵人最苦,情爱不随心。
思绪随风走,不觉近黄昏。
金樽空对月,凄凉望寒云。
不知相思夜,谁是梦中人?

春闲

春长日早起床懒,饱暖无事心觉烦。
开门忽见春光美,仰卧台中独清闲。
放眼便知地透绿,抬头惊叹天彻蓝。
闭目忘却人间事,静心随云入九天。
丝丝微风轻佛面,片片春光洒衣衫。
庭院深深幽静处,偶闻林中鸟声欢。
今生无缘居世外,且将村野视桃源。
清淡生活无远虑,茅屋完巢儿女全。
逍遥情爱两不忘,只羡鸳鸯不羡仙。
理得自家庭院好,无须慕名上黄山。

五律·雪

昨日云聚,一夜风紧,促降大雪尺半有余。晨起,望门外皑皑白雪,听树林萧萧风声,愁封门困室,感时事风云,遂顺心而作,成五律一首,见景抒情,拟补久日未动笔之缺憾也。

寒风吹塑北

东进度龙山

浮蔼云夕聚

沉霏雪夜翩

瞻山千纬素

眆水万经鲜

心纵皓然气

冰洁兆瑞年

五绝两首

其一、雪夜会友

风夜雪难停
围炉叙旧情
千杯知己少
万语到天明

其二、春

满院杏花开
飘飘玉女来
心知春不久
红豆应多摘

五律·中秋夜

明月垂东照

清光映水寒

冷风随处起

霜露不经残

赏月时怀旧

观菊久入禅

最凄秋寂夜

千里寄情缘

七绝·草木一秋

公司门前有一条河,蜿蜒不远处,连接入海之河。每当秋天初至,微风处,碧水荡漾。某时常中午沿岸散步,一来呼吸外面的新鲜空气,二来活动僵直的颈椎骨。今日天高云淡,阳光强烈,眩眼无比,为避日晒而进入一处"凤凰厅"。远望天边,白云天堑一线。近看两岸,黄绿树叶已经沧桑,意味着又一个秋天的到来。心绪随着水中的涟漪荡漾:草木一秋皆有果,人生一世难随意。感慨下,成一绝句,顺手拍照留景,以记当时之心情。

风吹绿水泛漪涟

极目浮云一堑天

思绪起伏心荡漾

一秋草木梦难圆

五律·初恋情怀

少小骑竹马

纯纯情窦开

同窗日易见

异梦夜难挨

天阔鸟飞远

溪横人讯埋

熬煎相继夜

常到梦中来

难回首

琴音悠悠柔肠断,珠泪滴滴箫声咽。
伤情回转二十载,情窦初开是少年。
求学异地须分手,依依不舍断桥边。
四年书信日渐少,海誓犹在情已迁。
理想前程何其酷,天南地北望眼穿。
多次省亲盼重逢,似曾相识却无言。
遥想当年骑竹马,安知今日步难前?
各有所归人生路,唯独难忘初吻甜。
多少温柔令人醉,只在梦中才还原。
忙忙碌碌曾忘岁,人到不惑转眼间。
不恋仕途金满仓,只叹青春不再延。
若能换回少年梦,谁说不愿弃王权?

五绝二首

其一、秋月

日暮落山头
朦朦月似钩
绿肥红渐瘦
蝉促感深秋

其二、秋夜

难掩相思意
佳人夜静时
影孤围帐转
总怕月来迟

七律·龙传人

自从盘古开天地

五帝三皇塑圣灵

八卦阴阳崇演绎

五行河雒拜图腾

春秋思想始齐放

孔孟独尊罢百鸣

变化龙精遭篡改

刁猾狡诈被传承

七绝·圣诞节有感

耶稣降世两千年

圣诞成为节日喧

读破经书千万卷

人人虚伪罪延绵

七律·晚冬黄昏游子叹

时经四季岁临寒

久在他乡思泪酸

昼起寒风日月少

夜来霜降光阴闲

溪横水远无归路

天阔云高难向前

江水悠悠空不度

苍天无义道荒蛮

七律·过年

起伏日月光阴旧

瞭望江山瑞雪延

天上今宵欢不尽

人间此夜乐无眠

千家庭院红灯照

万户门前彩对联

竹爆声中辞旧岁

九州云外报新年

七律·尘缘难了

壮志凌云犹可讴
蹉跎岁月未绸缪
才情高处多孤寂
姿智低时少苦愁
酒肉安得填井肚
功名痛失泄心头
常思自在神仙念
难舍红尘独泛舟

七律·思春

江南二月杏花飞

日照前窗孤影随

东院池中鱼共乐

西厢树上鸟相窥

花开柳绿春情动

水漾桃红思泪垂

又见去年檐下燕

床空日久盼郎归

五律·春情

春风解冻土
细雨化桑田
鸟落青梅树
花飘翠柳前
逍遥情意荡
寂寞念桃源
梦女无音信
相思还复年

五律·日

司星千万座

主宰众生光

东起扶桑上

西垂细柳仓

恩德泽四海

光耀照八方

华煦百花盛

骄阳大地荒

五律·月

圆缺朔弦望
渐死乃还生
映雪光偏冷
临花色转浓
浅浮金碧水
斜照玉池明
寂寞嫦娥怨
千年锁梦萦

五律·星

浩瀚太空深

茫茫宇宙辰

百方可类聚

万物以群分

朗月如盘玉

繁星似散金

星光灿烂夜

造主太奇神

七律·天

太始茫茫混沌浆
幽清寂寞漾穹苍
精元孕育万千岁
霹雳相摩宙破荒
日月运行遵轨道
星辰灼耀列循章
云行雨施泽灵物
乾道昭昭统万方

七律·地

厚坤载物德无量

万有滋生承顺天

海怒浪滔沉不骇

山崩石裂默无言

江河深满涤尘秽

川谷丰盈净世喧

不计人间谁主宰

畅怀接纳圣明贤

七律·风

刚柔相遇宣流化
阴结云屯势必行
出自幽冥萧浪起
远流旷野悄然停
走低怒吼卷江海
狂起飑飙萧五岭
云荡雨兴滋大地
顺和泽物以开荣

五律·云

阴阳交泰清

动静覆弥蒙

体实有千象

形虚无一同

玄冥飞素雪

霄汉固寒冰

霭霭舒奇色

翩翩翔九重

七律·雨

春雨绵绵一夜长
桃红柳绿桂飘香
风云骤聚响霹雳
江海翻腾掀浪狂
秋雨潇潇风卷叶
寒潮阵阵霜填墙
阳衰冬至千般冷
雪雨西风最凄凉

七律·雪

北荒震荡寒风起
中野云天舞雪花
日摄阳光照素净
夜和辉映镜银甲
伴风守岁豪情在
戴月披星质未瑕
寒促千虫冬不醒
冰封万草待春发

七律·春

阴阳交接地天通
意气风发百草生
奋作惊雷蛰蠢动
绵绵细雨雁征程
鹊营旧窝登高树
燕筑新巢落广庭
春草春花日日异
春心春意万年同

七律·春

清明细雨日初照
山野樱花早发红
野渡燕穿杨柳雨
芳池鱼戏芰荷风
娇秾李蓄可怜紫
夭艳桃发肠断情
春暖春人春意动
春情春色易凋零

五律·夏

四季夏难屠

煎熬无泪哭

一朝天不雨

三日地成炉

百里土焦赤

千庄禾叶枯

可惜风弱小

怎散暑天毒

七律·秋

绿树青山日夜黄

菊花凄楚见晨霜

西山日落浮云现

东岭月明流素光

长夜风萧罗帐冷

寒蝉声促断人肠

相思千里书难寄

托梦一行鸿雁翔

五律·秋

天色水苍茫
山川昼夜黄
浮云出越岭
落日下吴江
泫泫林中露
凄凄树上霜
寒风催节变
秋夜断人肠

五律·冬

阳至岁临寒

阴风起乱山

昼迎飞雪暴

夜送落霜残

冰冻四方海

萧条万里川

天封地凛冽

孤月弄云殚

五律·秋

清冷高空月

迟迟不再圆

凄凄霜露地

蔼蔼碧云天

日见几行雁

夜闻百促蝉

天涯游子泪

塞外故人咽

七律·叶

容颜肤色随节变

历尽沧桑风雨来

微体滋生食物链

薄躯抚育栋梁材

百花凭借红娇艳

万木依依绿不衰

平淡一生心血尽

飘零落地化尘埃

七绝·秋色美景

借来秋色上层林
染出群芳五彩云
静赏幽幽清水意
生平此刻最温馨

七律·红楼空

聚散方知肠断疼
相逢似在梦云中
而今美女皆离去
空见花亭鸟不鸣
不再相争脱苦海
换得安逸度闲情
唯欣才女有兹念
独自逍遥乐趣浓

五律·壬午年中秋怀感送友人

邀友赏明月

天涯共此时

千杯抒郁怨

片语寄相思

奋斗虽无尽

随心应有期

天涯皆倦客

共苦不眠帷

五律·春别

四月阴阳替

知春万物生

桃含千态媚

柳发万种情

芳草萋萋地

佳人楚楚盈

泪挥从此去

何日是归程

五律·秋雨伤情

秋来时日匆

风雨更伤情

寂寞邀明月

寒天仰望星

梦惊晓枕上

肠断暮闺中

不等红颜老

黄昏钟鼓鸣

雨中秋

今年的中秋有雨无月。有道是秋来易怀旧,风雨更伤情!怎一个"愁"字了得?当时不禁写下两首七言,抒发了中的凄凉感觉!

其一

风萧萧兮雨涟涟

断肠泥路凄凉天

苦熬几百沧桑日

无月中秋夜难眠

其二

秋雨绵绵人憔悴

那边月下知是谁

寒风卷起好梦去

天作人愿总相违

七律·失落

无端风雨催春去

散尽枝头桃李花

失落心情滚滚浪

迷茫思绪乱如麻

苍天不顾好人苦

孰地施恩奸者发

富贵荣华谁不想

功名利禄看人家

七律·天使

冰清仙女凡心起
舞漫长空遂愿来
怜我身孤心寂寞
时常入梦诉情怀
温柔不尽香遗袖
娇媚无穷姿意开
奢望苍天怜不弃
携扶魂魄上瑶台

五律·河边散漫

幽幽河岸行

闲客碎言清

水里鸭嘻水

林中鸟畅鸣

晓烟杨柳绿

春雨杏花红

可惜无佳丽

双飞共美景

五律·秋日野餐记

时逢秋爽日

聚野向轻松

岸上柳枝绿

池中枫叶红

举杯忧虑少

闲话趣闻重

日暮残阳尽

微风秋意浓

七律·豺狼当道

滚滚黄河天上来

轩辕剑指夏华开

明山尽是帝王冢

秀水漂浮百姓骸

河北英雄难适志

江南才俊尽徘徊

中华上下五千岁

挡道文明狼与豺

七律·叹岁月流逝

少年自负凌云志

忽见春华始落英

几叹红颜月渐少

更愁白发日逐增

一轮冷月知秋老

三尺寒冰说岁匆

避与英年同席坐

百般无奈在心中

风雨无情

昨夜西风,断续雨声。门前枫树,摧残落容。院中秋菊,一夜凋零。晨起见状,不禁生情。吟诗两首,祭奠花灵。

其一

断续秋风夜雨声

百花残败树凋零

颜衰岁老悲失意

天道无情爱有凭

其二

风雨太无情

千红一夜顷

悄然蚀万物

日久地无形

七绝 · 深秋去纽约途中观感

一条大道通都市
二侧参天枫树红
三色斑斓云际染
四时美景最秋浓

五绝 · 枫晚亭

林中枫晚亭
叶舞映天红
遥望金秋色
胸怀浪漫情

七律·巧遇故人

河边小径貌依旧
巧遇故人礼胜前
往日清眉犹在目
如今花发鬓垂肩
见时少问荣枯事
分手多想肺腑言
君子之交清澈水
知音相顾鹤云闲

五律 · 海滩惬意

长空万里晴

云淡竟帆行

海阔纳天绰

沙微倾地平

展躯凌日照

闭目近涛声

惬意丝丝慢

轻轻抚面风

七律·散淡闲人

清茶淡饭视佳肴
水酒残席自酌饱
佳句流芳经日诵
名言雅句届时抄
人间沧海存情义
世外桃源慕友交
散淡逍遥豪气在
只言肺腑细推敲

第二部分

词、曲

浪淘沙·晨练有感

　　多年来保持着晨练,目的是减少劳腰病疼。今日起早了一点,看着晨雾蒙蒙,天上一轮残月犹存,忽听得大雁哀鸣。举首仰望,见一队大雁向南飞去,猛然觉得秋天已到,方才知道自己身上也加了几层衣服。嗟呼!衣乃自己身上衣,岁也经过日日异,可人们对它总是不知不觉。感叹之余,留一首《浪淘沙》以记之。

晨裳渐加层

大雁南行

落英深浅去年同

知是云寒秋已到

残月黎明

人影照湖中

不再同容

断肠片片是飞红

一去离愁十万里

倾诉谁听

西江月·望寂寞

寂寞情生何处

暮垂云断风斜

纵凭高不见天涯

无奈凄然泪洒

满树幽香旷望

不知燕落谁家

见离别几度飞花

还送夕阳西下

水调歌头·人到中年

苦旅繁双鬓

仰面笑苍天

几曾追忆失落

秋雨客舟寒

春色悄然逝去

浪漫情怀已碎

百事感其烦

千虑无一获

江阔苦撑船

情未了

还有梦

不心甘

纵然伤痛

无奈苦涩几分残

尝遍酸甜苦辣

经历喜怒哀乐

往事化云烟

情绪多浮泛

恋恋度中年

鹧鸪天·不要在寂寞的时候说爱我

无奈心临寂寞时
徘徊总盼月来迟
春朝云聚青山怅
日暮风潇碧水痴

更已尽
梦还依
隔帘倩影不相知
柔情最易肝肠断
花落无声对酒诗

屋后轩辕丘,本系自然荒。多年除荆棘,山竹始成长。这丛细竹,是小子与妻子几年前,从一家卖花草树木之处,随着一宗大买卖而求得几束根,埋植于屋后的山丘之上,精心抚育而成。看着细细的新竹不断,惜如玉。望眼欲穿了几年,终见气候小成。近日美东百年大雪,大地万物皆被白雪覆盖之,举目远望,难见生命之痕迹,唯这丛细竹独秀。但在风霜、暴雪、严寒的摧残下,也使得它们失去了那种翠绿之秀美。今日在铲雪之际,望着在萧瑟寒风中的竹子,笑傲霜雪,坚强挺立,敬之、爱之。亦有几枝粗壮者,因冰雪罩叶、负重超身、护群招风,不幸折断,更怜之、惜之。故而留一照、填一词,随己丑岁末美东之百年大雪记之、念之。

卜算子·咏竹

山后翠竹生,自好怜如玉。

一夜寒风暴雪霏,萧瑟失青绿。

月夜影朦胧,终日虚心迹。

但到严冬患难时,节傲凌霜浴。

水调歌头·雪

日月随天运

四季互相承

深冬阳尽寒峭　　夕阳落

岁老看晚景　　　寒风起

忍睹物而添恨　　聚云腾

抚感伤还惆怅　　蔼浮交错

意冷似怀冰　　　连翩飞舞雪花倾

斜月曾相识　　　天地茫茫一色

山色正衰中　　　万里山川无缝

　　　　　　　　琼树列珠明

　　　　　　　　慢漫无边际

　　　　　　　　风里任飘零

忆秦娥·春闺梦

秋月冷

西窗斜照心难静

心难静

神魂缥缈

幻游仙镜

玉肌素裹烛光影

飘飘欲醉人惊醒

人惊醒

粉颊犹热

倦依残梦

鹧鸪天 · 秋情

红叶黄花又一秋
浮云南雁乐悠悠
夕阳半落莎原上
千树芳香解万愁

风不静
水东流
知音一曲与谁谋
任凭枯叶纷纷落
还见来年绿更稠

水调歌头·伤情泪

月夜临江曲
花醉玉人娇
梦中总是匆促
屡盼再相邀
未尽春时红落
伴雨带风弛骤
又见海棠凋
追忆美人去

情伤处
弦声断
玉容憔
为伊泪落
无尽思念意难消
春意绵绵愁聚
秋雨涟涟香散
寂寞度今宵
但愿人长久
生死共逍遥

清平乐·思念

凄凉月坠
未饮先成泪
寂寞夜长人不寐
尝尽独眠滋味

朝朝暮暮成双
一时难见牵肠
今夜倩身何处
盈盈怎奈离伤

浪淘沙·离愁

风起水涟涟

极目西天

声咽垂泪影姗姗

思绪暂随云逝去

空带愁还

人静夜凭阑

抱影无眠

带风伴雨许多年

别后不曾托锦梦

思念绵绵

忆秦娥·夜读欧阳修木兰花

愁难解

烟波满目云遮月

云遮月

人生最苦

梦寻离别

凄凉寂寞思心切

指花问情归来夜

归来夜

叙说离恨

倦贪风叶

鹊桥仙·错过花期

一生奋斗
忘了节气
空把花期错过
江南旧事莫重提
命中定
沉浮起落

多情善感
不堪风月
野渡舟横无数
如今风雨夜长时
仰天叹
年华将殁

卜算子·秋思

忙了近月余，觉得完成了一件大事，可成就感仅几日矣，情绪、体力、生活又恢复如常。室外日落后气温渐低，便无事闲坐于后院感初秋之凉爽。但见那"日落西山头，月初似吴钩。绿肥红渐瘦，蝉鸣促深秋。"百花年年红，人生似梦中。多少风流人物，多少成功、成名者，何止于万记？可何谓成功？何具风流？怎样才能满足，以何为度？英明一世，风流一时，具往矣！所有功名、财富，就如这成就感一样，仅仅几日矣！成又何狂？败又何妨？百感万慨之际，填一首卜算子，以记之。

西院独依阑

月色朦胧处

绿瘦红深又见秋

思绪随云固

    谁料倦风尘

    一去漫漫路

    空自年年叹落英

    名利何为度

阮郎归·珍别

寒云飞渡望长亭

心随明月行

情深同曲伴今生

几曾和泪听

声漫漫

意诚诚

殷勤寄远平

欲将思念换真情

心真应有灵

如梦令·雨打芭蕉

昨夜放声情纵

沉醉又回春梦

啼血唱枝头

不见梧桐雌凤

谁应

谁应

无奈空余心痛

浪淘沙·龙脉

上下五千年
无限江山
夏华一脉顺承传
黄帝鼎成龙下界
悬绕神龛

风雨九州喧
烽火狼烟
寒山秋水尚依然
内外长城血泪史
始系轩辕

诉衷情·美丽的乌兰托娅

昭君北去雁沉沙

汉匈为一家

白云骏马青草

胡女美

像彩霞

莲心事

抱琵琶

落天涯

恨愁无限

萦梦高原

乌兰托娅

水调歌头·感秋

草木皆无色

北雁尽南行

晨烟缕缕山绕　　秋风至

细细雨泠清　　　白露降

树下影斜照水　　促蝉鸣

桥上黄昏遗恨　　残云冷月

能不盼天晴　　　斜照珠帘玉门庭

云出山相似　　　不忘红楼夜曲

天映水朦胧　　　犹认纱窗旧绿

　　　　　　　　悬数点稀星

　　　　　　　　衾冷夜难寐

　　　　　　　　幽恨到天明

谢池春·己丑中秋相聚感

己丑中秋

游子异乡情困

聚家常

千言不尽

乡思肠断

问秦关何遁

促行客

泪流难禁

男儿志气

谈笑功名责任

助心情

千杯共饮

齐声同祝

岁前传佳讯

任风吹

照行鸿运

卜算子·孤鸟凄凄盼寒尽

举首望苍穹
寂寞心难静
雪压枯枝瑟鸟栖
点点寒梅影

无力苦争春
总见烟霏罄
冬去花开盼月明
驱尽他乡冷

诉衷情·天涯寻梦

萋萋寻梦到天涯

海角见奇葩

轻云细雨无度

欢恨断如纱

君莫负

好年华

忆奴家

两厢情愿

一意春风

哺育新芽

长相思·情人节

心也无
神也无
魂断飘飘回梦初
燕双传锦书

云也孤
月也孤
霜打黄花承泪珠
香消几度除

西江月·天凉好个秋

谁赏垂杨自舞

乱红无数风斜

江南梦断遍天涯

冷落新诗泪洒

明月娟娟寒夜

心随绰影无家

满庭风卷尽残花

又见衰烟雨下

卜算子· 初恋情怀

两小戏无猜

情窦开梅翠

日日同窗恨见难

寂寞寻谁慰

眷侣有前缘

情深终无悔

夜夜重回幼少时

入梦常相会

沁园春·雪

飞舞同云
落地无声
被覆莽原
望皑皑大地
奇绝景致
积盐山岳
涂蜡江边
绿水白鹅
青山玉兔
怎比得天工亘绵
随风舞
叹飘无定处
万众成坚

阳春晓净山川
日韬曜吉祥兆瑞年
酷寒梅与共
随形成域
因时兴灭
萧散风迁
寒阻千山
冰隔万水
唯自消融滋润田
威发处
看山崩地裂
万物难全

忆秦娥·天若有情天亦老

春既老

多情消瘦红衰早

红衰早

年年秋色

暮薄残照

江南淑女才情貌

天涯何处寻芳草

寻芳草

蓦然回首

月圆花好

忆江南·知己

多少恨

含泪向东风

一样寻常窗下月

人情那比旧时浓

肠断梦成空

红尘荡

知己是何人

曼舞西搂招失魄

绕歌东府唤回春

情在不言中

临江仙·伤春

燕子楼前春又至

群芳争艳清醇

柳扬轻舞意纷纷

情如东海水

不堪洗红尘

地久天长终不悔

任凭欢聚离分

千思万绪寄郎君

语长书恨短

珠泪伴黄昏

更漏子·秋叶

北风萧
金色散
落地一声轻叹
悲切处
满身霜
方知尘世凉

曾似玉
今如溺
情断凋零圆寂
烟几缕
梦缥缈
枉然痴伴娇

虞美人·情诗

不堪回首愁肠断

寂寞心潮乱

祸福无定古难全

欣遇蕊珠娇媚共婵娟

春花秋月群芳璨

总盼红颜伴

人生能有几回欢

莫让美景佳丽怅依阑

一剪梅·情难断

尺素难托雁北捎

山也迢迢

水也遥遥

醒来不见玉人娇

梦盼相邀

魂盼相交

寒暑凄凉又几朝

春怕寒归

秋怕风潇

痴情犹在意昭昭

情为谁抛

人为谁憔

更漏子·跨过千年来爱你

孽情长

福命短

月貌花容谁伴

迎春怅

送秋寒

院深幽梦残

    生最苦

    死难度

    春去人间无路

    悲切处

    叹身孤

    泪湿来世书

长想思·为情所困

情如仇

断还揪

爱到心深身自囚

悲凉无尽头

魂已丢

梦难留

旧恨新伤何日休

一江春水悠

诉衷情·情断他乡

当年万里涉重洋

今日诉沧凉

山盟海誓犹在

离恨泪几行

思往事

裂肝肠

尽悲伤

此生谁料

梦陷别国

情断他乡

卜算子·相见难

我住美国东

伊在西海岸

时遇佳人网络中

夜夜孤鸿叹

无恨舞姿轻

有泪歌声慢

独上西楼望断天

入梦常相伴

江城子

西窗柳影晚风轻

夜长空

月朦胧

一天憔悴

独自对孤灯

往事悠悠思量过

抬望眼

遍浮萍

利名场上浪涛汹

蝇逐腥

蚁相争

黄粱梦醒

来去尽匆匆

等到功名情义断

钟暮色

鼓悲鸣

更漏子·怕相思

怕相思

愁更甚

辗转难眠捶枕

秋雨冷

雁南行

相思一片情

心相爱

情似海

浓雾层云宵外

晨眺望

幕憔容

夜来云梦中

满江红·薄命红颜

细雨清明

终难去

孤独愁并

相又对

落花如雨

飞红似倾

月下黄昏谁与共

楼中冷光孤清影

更那堪

意懒上妆台

空余镜

月斜照

风寂静

残烛泪

何难饮

几凡春秋夜

自嗟薄命

浓雾浮云愁不断

香消被冷寒风并

赤条条来去挂牵无

皆干净

念奴娇·孤独鸿雁

公司楼前三百米处,有一临水之园,河中水流缓缓,时而流向大河,时而回转流向源地湖泊。本人时常午饭后沿岸漫步,一日踏雪之时,见其景而伤情,随即作这首念奴娇,以叹形孤影单、人生寂寞之心情。

水边独步,

只得见、几许海鸥呆立。

风雪时从脚下过,

唯有栏杆曾记。

失意鸿鹄,

无穷寂寞,

竟觅食如雀。

水流缓缓,

消磨多少年月!

青埂峰下顽石,

何遭遗弃?

枉返人间转!

云天北风萧径冷,

雪地悲歌谁憾?

独雁凄声,

孤烛寒泪,

无数长夜漫。

秋云春梦,

难禁风起烟散!

西江月·相思夜

山水轮回几度
木石难忘前盟
纵然今世不同行
未改两心相映

把酒园中赏月
扶筝亭下抒情
一曲未尽泪渐盈
今夜相思难静

满江红·暴风雨

水汽升合,乌云聚、天昏地暗。

百鸟散、盘旋迷漫,

雷鸣电闪。

霹雳划空沧海震,

狂风骤起高山颤。

砂石飞、树撼叶无从,山花乱。

倾盆雨,江河满,

心痛快,随呐喊。

感淋漓尽致,观云飘散。

丹青洒脱成地貌,

彩虹横出将天染,

斜阳复、看壮丽江山,真无限!

胡浩天·中秋夜

千里清秋北美洲
阳关望断上西楼
恨花怨月心烦恼
顾后瞻前无绪头

心自愿
却忧愁
一江春水向东流
夜来独望孤江月
羁旅漂泊何日休

一剪梅·成败聚散

汉阙秦宫尘漠荒

多少英雄

千古兴亡

功名利禄梦黄粱

成又何张

败又何妨

　　　　驿马西风云渺茫

　　　　水远山高

　　　　天际斜阳

　　　　南来北往恋长安

　　　　聚又何狂

　　　　散又何伤

诉衷情·相见时难别亦难

百回锦梦语盈盈
千里喜相逢
春风香杏花漫
双燕正情浓

　　　　思不断
　　　　爱交融
　　　　泪流空
　　　　今生谁料
　　　　山水迢迢
　　　　离恨无穷

一剪梅·元宵夜

此夜时常无月光

万水千山

遥望家乡

谁托鸿雁寄相思

落叶飘零

萦梦牵肠

    灯火连连宝马香

    柳下花前

    转影成双

    盈盈笑语恨非他

    独自依栏

    泪湿黄裳

钗头凤·情人节

初相见

山花漫

被翻红浪生平愿

惜别后

实难忘

为伊憔悴

变了模样

想想想

春蚕怨

秋虫叹

赤情何被山溪断

流莺唱

心神荡

梦圆相聚

断桥之上

望望望

www.ingramcontent.com/pod-product-compliance
Lightning Source LLC
LaVergne TN
LVHW051843080426
835512LV00018B/3035